Die Bedeutung des Fremdenverkehrs für Bayern.

Vortrag

des

kgl. bayer. Kommerzienrates Adolf Brougier.

Gehalten im Münchener Kaufmännischen Verein (von 1873) am 27. Februar 1902

Sonderabdruck

aus der illustr. Wochenschrift für Bayerns Volk und Land

„Das Bayerland“.

München.

Druck von R. Oldenbourg.

1902.

Der Fremdenverkehr hat in unseren Tagen eine große wirtschaftliche Bedeutung gewonnen. Erschließt er doch einem Lande zahlreiche Einnahmequellen, bringt seinen Bewohnern Arbeit, hebt den nationalen Wohlstand und die Konsumfähigkeit und läßt dadurch auch dem Staatshaushalt höhere Einnahmen zufließen. Nicht zuletzt kann der Fremdenverkehr dazu beitragen, in kultureller Hinsicht ein Volk in seiner Intelligenz und seinem Bildungsgrad zu fördern und so seine Leistungsfähigkeit zu erhöhen. Aus diesen Gründen darf es nicht wundern, wenn heute eine große Reihe von Städten, ja ganze Völker und Länder durch Aufwendung zielbewußter, organisierter Arbeit versuchen, den Fremdenverkehr an sich zu ziehen.

Unter Fremden wird man natürlich nicht Geschäftsreisende, zu Besuch kommende Freunde und Verwandte verstehen dürfen, sondern vorwiegend Vergnügungs- und Erholungsreisende, die Besucher von Museen, Kunstschätzen aller Art, historischer Sehenswürdigkeiten, Theatervorstellungen &c.; schließlich aber auch Personen oder Familien, sei es nun aus dem Ausland oder Inland, die in der Lage sind, sich einen ihrem Geschmack entsprechenden Wohnplatz auszuwählen, Eltern, die behufs Ausbildung ihrer Kinder in Städten mit geeigneten Bildungsanstalten sich niederlassen wollen. Gerade in dieser Beziehung haben zahlreiche deutsche Städte einen wesentlichen Aufschwung in den letzten Jahrzehnten erfahren; man denke nur an die Fremdenkolonien in Dresden und anderen Städten, man denke an den Zuzug von Fremden, die allein in München dauernden Wohnsitz genommen haben.

Der Fremdenverkehr ist eine Erscheinung der Neuzeit. Man kannte ihn vor 50 Jahren in Deutschland und auch anderwärts so gut wie gar nicht, wenigstens nicht in dem Maße, daß er einen wesentlichen wirtschaftlichen Faktor gebildet hätte. Es fehlte hierzu an den Vorbedingungen, dem allgemeinen Wohlstand und vor allem der komfortablen und billigen Reisegelegenheit, am modernen Verkehr, der erst die Entfernungen aufgehoben und internationale Beziehungen angeknüpft hat. Auch das Erholungsbedürfnis war geringer; man lebte einfacher und gemütlicher; schon an den Schulen wurden noch nicht so hohe Anforderungen gestellt — man kannte die Nervosität so gut wie gar nicht.

Mit dem Entstehen des Verkehrs, mit der vermehrten Anwendung der Dampfkraft, sei es auf Maschinen überhaupt oder auf die Eisenbahnen, und mit der freieren Gesetzgebung für Handel und Gewerbe begann erst ein intensiverer Wettkampf; es nahm aber auch der Wohlstand der Völker in ungeahnter Weise zu.

Als Bahnbrecherin marschierte die Heimat Stephensons, England, voran. Bekanntlich ist durch Stephenson die Lokomotive so ausgestaltet worden, daß sie die Beförderung von Last- und Personenwagen ermöglichte. Mit Stephensons Lokomotive wurde Englands erster Eisenbahnpersonenzug im Jahre 1825 in Bewegung gesetzt. Die Engländer erkannten rasch die Bedeutung eines ausgedehnten Schienennetzes. In den Jahren 1826—1843 verbaute England in Eisenbahnen schon 80 Millionen Pfund Sterling = 1600 Millionen Mark, 1844—1847 252 Millionen Pfund Sterling = 5040 Millionen Mark, bis zum Jahre 1897 1090 Millionen Pfund Sterling, = 21800 Millionen Mark für 21433 Meilen.

In England kämpften R. Cobden und J. Bright auch in den Jahren 1838 bis 46 die sogenannten Manchesterideen durch, brachten die Getreidezölle zum Fall, ließen dem Freihandel vollen Lauf und machten dadurch die Engländer zum reichsten Volke Europas, denn schon im Jahre 1859 hatten sich die Steuereinnahmen Englands gegen damals verdoppelt. Gegen Anfang des 19. Jahrhunderts war von Frankreich eine andere epochemachende Erfindung gekommen. Jacquard hatte den mechanischen Webstuhl konstruiert, den die Lyoner Seidenweber als ein Teufelswerk zerschlugen. Jacquard flüchtete mit seiner Idee nach England — das fortschrittliche Land nahm sie auf und verwertete sie.

Sehen wir nach diesem Abstecher auf die britische Halbinsel zu, wie in unserm engeren Vaterland Bayern der Bahnbau sich entwickelte.

Unsere Staatsregierung begann damit im Jahre 1844 und hatte bis

1845 an 3,117068 Mk. verbaut,
1846/47 erreichte der in Bahnen angelegte Wert ca. 7 Mill.,
1852 betrug die Länge der bayer. Staatsbahnen 510 km,

1860	stiegen wir auf eine Wertanlage von	94 Mill.	für 1174 km,
1870	„ „ „ „ „ „	164 „	„ 1927 „
1900	„ „ „ „ „ „	1160 „	„ 5584 „

In den ersten 25 Jahren, 1845—1870, ging es in Bayern mit dem Bahnbau noch ziemlich langsam; erst nach dem großen deutsch-französischen Krieg, als Deutschland geeinigt war, trat ein Umschwung ein, und von da ab ging die Sonne des Wohlstandes und Bürgerglückes für uns auf.

Dies beweisen eine Reihe statistischer Zahlen; zunächst verfolgen wir die Bewegung in der Bevölkerungsziffer des Landes und der Städte.

Bayern nahm an Bewohnern zu:

in den fünfzig Jahren 1820—1870 um rund	550000
in den letzten dreißig Jahren, 1870—1900, .	1370000
München mit Einbeziehung der Vorstädte	
1820—1870, in 50 Jahren, um ca. . . .	90000
1870—1900, „ 30 „ „	330000

Einwohnerzahl in

Nürnberg 1871, 83000, im Jahre 1900 . .	280000
Ludwigshafen 1871, 7874, im Jahre 1900 .	54000
Pirmasens 1871, 8563, im Jahre 1900 . .	22000

Die 31 Städte Bayerns exklusive München, welche über 7000 Einwohner zählen, haben von 1870—1900 zusammen um 520000 Einwohner zugenommen, während an denjenigen Orten, die keine Industrie hatten und die nicht an Bahnlinien liegen, gar keine oder nur eine unbedeutende Vermehrung zu konstatieren ist.

Bei genauem Studium der Bewegungen in der Bevölkerung Bayerns wird man wahrnehmen, daß die Zunahme der Einwohner hauptsächlich bei denjenigen Städten hervortritt, die sich für Industrie eignen, und dann bei München sowie bei dem Kreis Oberbayern wohl hauptsächlich infolge des Fremdenverkehrs.

In abgerundeten Zahlen ausgedrückt, stieg die Ziffer der Einwohner vom Jahre 1871 bis 1. Dezember 1900 in dem

Kreis	Oberbayern	um 590000
„	Niederbayern	„ 75000
„	Pfalz	„ 226000
„	Oberpfalz	„ 65000
„	Mittelfranken	„ 208000
„	Unterfranken	„ 64000
„	Schwaben	„ 122000

Eingewandert sind innerhalb der Zeitspanne von 1880 bis 1. Dezember 1900 107000 Ausländer,
182000 Reichsdeutsche.

Zusammen 289000 Personen.

Die Auswanderung aus Bayern nach Amerika dagegen, die in den Jahren von 1820—1870 ziemlich belangreiche Ziffern aufwies, stockte von dieser Zeit ab fast ganz, weil die Leute guten Verdienst im Lande fanden, und dies bewirkte auch, daß sich das Volk in wesentlich höherem Prozentsatz als früher vermehrte.

Diese Entwickelung in der Bewegung der Bevölkerung hat aber auch Verschiebungen in den Berufsständen hervorgerufen. Z. B. zählten in Prozenten ausgedrückt die Angehörigen

der Landwirtschaft . .	1882	50 %	1902	45 %
der Industrie	„	28 „	„	31 „
des Handelsstandes . .	„	8,27 „	„	9,27 „
des Wehrstandes . . .	„	4,6 „	„	5,10 „
die Berufslosen dagegen .	„	7,16 „	„	7,49 „

Die Landwirtschaft hat demnach zu gunsten der übrigen Stände eine Anzahl Personen abgetreten, oder vielmehr die Großstädte haben einen Teil der Landbewohner wahrscheinlich als Arbeiter angezogen, denn allein die Stadt München hat in ihrer Einwohnerzahl vom 1. Dezember 1900 (499000) zu verzeichnen:

261 000 im übrigen Bayern geborene Personen,
40 000 im Deutschen Reich „ „
47 000 Ausländer (meist aus Österreich-Ungarn),

also 348 000 nicht in München geborene Personen, sondern zugezogene Insassen.

Der Einfluß, den die Entwickelung der Eisenbahnen und sonstige Veränderungen auf unseren Nationalwohlstand ausübten, kommt in ganz auffälliger Weise in den Steuereinnahmen des Staates zum Ausdruck.

In der ersten Entwickelungsperiode der Eisenbahnen — also 1845—1860 (15 Jahre) — sind

a) die direkten Steuern um 5 Millionen = 45 % gestiegen;
b) die Bruttoeinnahmen des Staates zeigen eine Mehrung von 42 Millionen — ebenfalls ca. 45 %.

In der zweiten Periode, 1860—1870, (10 Jahre)
stiegen die direkten Steuern um $1^1/_2$ Millionen = 11 %
die Staatseinnahmen „ $15^1/_2$ „ = 11 %

In der dritten Periode, 1870—1899, (29 Jahre)
stiegen die direkten Steuern um 17 Millionen = 110 %
die Staatseinnahmen „ 279 „ = 182 %

Unter den direkten Steuern sei erwähnt, daß sich
die Kapitalsteuer ungefähr um das Fünffache,
„ Gewerbesteuer „ „ „ Dreifache,
„ Haussteuer „ „ „ „
„ Einkommensteuer „ „ „ Fünffache,
vermehrte, während die Grundsteuer fast gleich blieb.

Unsere Brauerei-Industrie ist inzwischen geradezu zu einer glänzenden Entwickelung gelangt, denn der Malzaufschlag beträgt abzüglich der Rückvergütung für Ausfuhr (1899)

38 Millionen, um zwei Millionen mehr denn die gesamten direkten Steuern des ganzen Landes.

Diese Zahlen zeigen, wie sehr der Wohlstand der Bürgerschaft innerhalb dieser Zeitläufte gewachsen ist. Sehen wir nun, ob die unteren Klassen aus den fetten Jahren ebenfalls Nutzen gezogen haben?

Darüber geben die Sparkassen sicheren Aufschluß: 1870 waren in 276 067 bayerischen Sparkassenbüchlein angelegt rund 49 Millionen Mark, 1890 in 780 360 bayerischen Sparkassenbüchlein rund 295 Millionen Mark.

Man sieht also, daß alle Stände gemeinsam an der Wohlfahrt des Landes Anteil nahmen.

Wenn wir nun angesichts dieser großartigen Entwickelung des Landes fragen, welchem Umstande wir diese verdanken, so wird die Schlußfolgerung berechtigt sein:

1. Den wichtigen Erfindungen der Männer des vorigen Jahrhunderts in Bezug auf die Ausnutzung der Dampfkraft und des hiermit verbundenen Maschinenwesens;
2. der durch den Einfluß der Einigung Deutschlands zur Geltung gelangten Handels- und Gewerbefreiheit;
3. der Machtentfaltung Deutschlands zur See und dem Ausland gegenüber, seiner klugen Handelspolitik und endlich
4. den Erfindungen auf dem Gebiete der Elektricität.

Alle diese Faktoren wirkten in glücklicher Verbindung zusammen; was helfen uns die schönsten und besten Erzeugnisse des Landes, wenn der Handel nicht eingreifen kann. Was helfen uns alle maschinellen Verbesserungen und Transportmittel, wenn wir ein durch Macht und Gesetz gelähmtes Volk sind, und das war vor 1870 der Fall, die Intelligenz und Ausdauer der deutschen Arbeitskraft war unterjocht.

Die großen Männer, deren Namen der Deutsche nie vergessen wird, nie vergessen darf, Kaiser Wilhelm I., Bismarck und Moltke sind es, denen wir verdanken, daß das gebundene deutsche Volk von seinen Fesseln befreit und ihm eine Freiheit gegeben ward, welche diejenige, die die Kämpfer von 1848 anstrebten, weit übertraf.

Wodurch ist nun speciell unser liebes München so groß geworden und welchem Umstand verdankt München seinen zunehmenden Reichtum?

München ist ja doch für eine Industriestadt nicht geeignet, es liegt an keiner großen Wasserstraße, es hat eine geographisch sehr ungünstige Lage, ist von Süden und Osten von Zollschranken und hohen Bergen umgeben. Industrielle Anlagen, welche große Flächen beanspruchen, können in München längst nicht mehr untergebracht werden, weil der Preis für Grund und Boden schon viel zu hoch gestiegen ist.

Wohl kämen die reichen Wasserkräfte der Isar einer Industrie sehr gelegen, allein die Rohstoffe, die großenteils auf der großen Wasserstraße des Ozeans herbeigeführt werden müssen, werden durch die hohen Eisenbahnfrachten zu sehr verteuert. Aus diesen Gründen konnte sich Münchens Industrie nicht erweitern und bewegte sich in der früher eingenommenen Richtung vorwärts. Hierbei ist anzuführen:

die Bierbrauerei-Industrie,
der Lokomotiven- und Maschinenbau,
die Fabrikation von physikalischen und photographischen Apparaten,
die Lederfabrikation,
die Bürstenfabrikation,
die Fabrikation von Goldschläger- und Goldwaren,
die Kleiderindustrie, besonders in Lodenstoffen.

Diese haben, wie auch die Nahrungsmittelindustrie, größere Dimensionen angenommen, letztere hauptsächlich, indem sie für den lokalen Bedarf und die früher von auswärts bezogenen Artikel sich einrichtete.

Die Statistik gibt uns Aufschluß, in welchem Maße die Zahl der in den gesamten Gewerben beschäftigten Personen während der Jahre 1882—1895 gestiegen ist, und diese Zahlen bestätigen auch das Gesagte.

Angestellt waren:

	im Jahre 1882: Personen	im Jahre 1895 Personen
im Baugewerbe	4409	16076
„ Kunstgewerbe	1177	1857
„ Handel	11729	25448
„ Verkehrswesen	1219	3301
„ Maschinenbau und verwandten Branchen . . .	2510	8633
in der Metallverarbeitung . .	3313	6020
„ der Lederindustrie . . .	1313	2299
im Wirtschaftsgewerbe . . .	5116	10444
Die Gesamtzahl aller im Gewerbe Angestellten beträgt . .	57154	125295

Dagegen hat die Zahl der von auswärts zugereisten Familienvorstände, die zu den Rentiers und Privatiers zählen, 19182 erreicht; sie ist seit 1882 um ca. 111% gewachsen. Hierbei mache ich aber noch darauf aufmerksam, daß diese Ziffern nur bis zum Jahr 1895 gehen; in dem Zeitraum von 1895—1902 sind die Zahlen sicherlich noch um einen hohen Prozentsatz gestiegen.

Im Anschlusse hieran ist es interessant, auch die statistischen Aufzeichnungen über den Fremdenzuwachs kennen zu lernen.

Danach stellt sich der Zuzug von Fremden in der Stadt München folgendermaßen:

Zähljahr	Einwohner	Dauernder Aufenthalt	Vorübergehender Aufenthalt	Gesamtzahl
1875	193024	7572	149961	157533
1880	230023	6515	199273	205788
1885	261981	11379	169667	181046
1890	349024	16107	234634	250741
1895	407307	11092	288445	299537
1900	499932	23199	434408	457607

Leider läßt das vorhandene statistische Material keinen strikten Nachweis zu, welchen Berufsständen die zu dauerndem Aufenthalt eingetragenen Fremden angehören. Zweifellos gehört eine große Anzahl zu den Arbeitsuchenden, eine andere zu den Studierenden, aber auch ein beträchtlicher Teil darunter wird den unter der Klasse der Berufslosen eingetragenen Rentiers und Pensionisten zuzuweisen sein.

Die Wohnungsstatistik gibt hierüber zum Teil Aufschluß, nämlich:

im Jahr 1885 waren 16 608 Wohnungen im Preise bis Mk. 150.— bezogen,

im Jahr 1900 nur 13 596 Wohnungen; dagegen stieg die Zahl derjenigen, welche

Mk. 500.— bis Mk. 1000.— Miete bezahlen, von 9175 im Jahre 1885 auf 22 064 im Jahre 1900, und derer, die

über Mk. 1000.— Miete bezahlen, von 2803 im Jahre 1885 auf 6 385 im Jahre 1900.

Die Zahl der besetzten Wohnungen überhaupt aber war

1885: 52 985
1900: 98 754.

Wir können also füglich den Beweis für erbracht halten, daß München nicht infolge Aufnahme neuer industrieller Anlagen so riesig gewachsen ist, sondern hauptsächlich nur in dem Zusammenhang mit dem Fremdenzuwachs und dem Fremdenverkehr.

Ein Einfluß der Landwirtschaft von Münchens Hinterland kann bei Erörterung dieser Frage kaum in Betracht kommen, denn dieser ist noch nicht einmal in der Lage, Münchens Bedarf an landwirtschaftlichen Produkten zu decken, der in großen Mengen aus den übrigen bayerischen Kreisen und den Nachbarländern eingeführt werden muß.

München ist also — wir können keiner anderen Auffassung Raum geben — durch seinen Fremdenverkehr zur Großstadt herangereift, — und dies im Zusammenhang mit der Zunahme des Eisenbahnverkehrs-Wesens und mit der Zunahme des allgemeinen Wohlstandes, insbesondere Deutschlands.

Damit kommen wir zum Hauptthema, nämlich der Frage: Welchen volkswirtschaftlichen Wert hat der Fremdenverkehr für München?

Die in der Tabelle für die Feststellung des Münchener Fremdenverkehrs angegebenen Ziffern stammen aus den polizeilich angeordneten kontrollierten Hoteleinträgen. Nehmen wir nun, um mit einer runden Zahl zu rechnen, für ein Jahr eine Frequenz von 400000 Fremden an und nehmen weiter an, jeder Reisende verbleibt im Durchschnitt 3 Tage in München, so ergibt das 1200000 Zehrtage. Rechnen wir dabei pro Tag und Kopf für die Hotelrechnung Mk. 10, so ergäben sich für den Konsum in den Hotels allein 12 Millionen Mark. Es ist aber außer Zweifel, daß der Reisende mindestens ebensoviel für andere Bedürfnisse ausgibt in Restaurants, Theatern, für sonstige Vergnügungen, Postkarten, Reisegeschenke 2c., größere Einkäufe noch gar nicht gerechnet. Das würde also die Einnahmen auf 24 Millionen Mark erhöhen. Persönlich bin ich überzeugt, daß diese Summe selbst verdoppelt noch zu niedrig gegriffen ist.

Nun wird mancher Geschäftsmann sagen, von diesen Einnahmen habe ich keinen Vorteil, sondern in der Hauptsache nur die Hotels, Restaurants, Theater 2c. Das ist aber ein Irrtum; der Hotelbesitzer bezahlt hiervon seine Steuern und sonstigen gemeindlichen Abgaben, Licht 2c., Wasser, die Bankzinsen, seine Angestellten, die Lieferanten aus allen Gewerbebranchen, insbesondere des Nahrungsmittelgewerbes, ihm selbst bleibt aber, wenn er rationell arbeitet, ein Verdienst, der, wie die Hotel-Aktiengesellschaften ausweisen, nur eine bescheidene Provision darstellt, die ihm wohl zu gönnen ist, denn nur den tüchtigen Hoteliers verdanken wir es, wenn die Reisenden länger bleiben und wieder kommen und andere animieren, unsere Stadt zu besuchen. Der Hotelier selbst und seine Angestellten behalten den Verdienst aber nicht, sondern auch deren Privateinnahme fließt wieder hinaus in alle Berufskreise.

Ein anderes aber ist noch zu berücksichtigen, und das ist mit ein großer Vorteil im national-ökonomischen Sinne, das sind die Einkäufe, welche die Fremden in der Stadt machen. Leider existieren hierüber nur seitens des amerikanischen Konsulates genauere Aufzeichnungen, weil dortselbst — des in Amerika zur Einfuhr bedingten Ursprungszeugnisses wegen — alle derartigen Einkäufe registriert werden sollen. Ich gebe hier die mir durch die Güte des amerikanischen Konsuls, Herrn James Worman, zur Verfügung gestellten Tabellen bekannt.

Tabelle I. Ausfuhr-Erklärung.

Kunstgegenstände, welche aus München nach den Vereinigten Staaten in den Jahren 1899—1901 abgeliefert wurden.

1899

Antiquitäten	$	2 856,00
Chromos	„	37 038,39
Stickereien	„	3 483,32
Stiche	„	3 150,17
Ölmalereien	„	65 734,65
Glasmalereien	„	9 131,79
Elfenbeinmalereien	„	149,94
Aquarelle	„	122,71
Photographien	„	12 781,10
Buntes Glas	„	13 677,03
Bildhauerarbeiten	„	12 266,18
	$	160 391,28
in Mark ca.		681 662.—
aus Augsburg:		
Chromos	$	531,81

1900

Antiquitäten	$	4 013,62
Bronzen	„	8 889,94
Chromos	„	33 813,31
Meßgewänder	„	92,96
Zeichnungen	„	952,00
Stickereien	„	1 223,11
Kupferstiche	„	3 754,10
Lithographien	„	5 823,21
Ölgemälde	„	63 649,05
Glasgemälde	„	5 950,80
Porzellanmalereien	„	634,27
Pastellmalereien	„	242,76
Aquarelle	„	442,80
Photographien	„	16 600,42
Gipsfiguren	„	83,44
	„	177,07
Buntes Glas	„	22 766,22
Bildhauerarbeiten	„	9 321,42
	$	178 430,50
in Mark ca.		758 328.—
aus Augsburg:		
Chromos	$	5523,59

1901

Antiquitäten	$	4 324,35
Bronzen	„	1 678,04
Chromos	„	39 797,74
Holzschnitzereien	„	764,12
Elfenbeinwaren	„	265,31
Meßgewänder	„	199,92
Zeichnungen	„	1 956,59
Stickereien	„	2 144,12
Kupferstiche	„	8 198,51
Lithographien	„	9 365,23
Ölgemälde	„	151 392,59
Glasgemälde	„	7 429,05
Porzellanmalereien	„	2 672,17
Pastellmalereien	„	348,34
Gemälde in Wasserfarben	„	1 796,52
Photographien	„	10 578,64
Gipsfiguren	„	954,52
Farbiges Glas	„	19 065,57
Bildhauerarbeiten	„	15 434,29
	$	278 365,62
in Mark ca.		1,183 052.—
aus Augsburg:		
Chromos	„ $	3520,65

Die Besucher Münchens bestehen in erster Linie aus Reichsdeutschen, Österreichern, Ungarn; ihnen folgen Engländer, Russen, Franzosen, Italiener, Schweizer und dann erst die Amerikaner. Nachdem diese, die z. B. als das „reichste Volk der Erde" gelten, nur den kleinsten Bruchteil unserer Besucher stellen, darf man mit Sicherheit annehmen, daß sich die Gesamteinkäufe all der hier angeführten Fremden alljährlich auf viele Millionen berechnen lassen.

Hierbei ist jedoch lediglich der Reiseverkehr in Betracht gezogen und noch nicht die Fremdenansiedelung.

Die oben angeführte Tabelle zeigt, daß alljährlich eine beträchtliche Anzahl Fremder „dauernden Aufenthalt" nehmen, und daß gerade diese Personen die große Anzahl von neuen Häusern und Wohnungen mieten oder kaufen, welche alljährlich dahier erstellt werden. Wohl werden infolge der Vermehrung der Bevölkerung unter sich eine Reihe neuer Ehebündnisse geschlossen und dadurch wiederum Wohnungen benötigt, allein diese Zahl hält so ziemlich gleichen Schritt mit der Auflösung von Haushaltungen durch den Tod, Wegzug &c.

Der durch „Neuansiedelung" zugeführte Bevölkerungszuwachs ist der hauptsächlichste Born gewesen für den heutigen großartig angewachsenen Wohlstand in München. Diese Behauptung glaube ich durch folgende Argumente beweisen zu können:

Betrachten Sie den heutigen Stadtplan im Vergleich zu dem von 1870, so finden Sie, wenn Sie einen Radius über die heute und damals angebauten Flächen ziehen, daß dieser dazwischen liegende Bodenkomplex seit 1870 ums Zwölffache gewachsen ist. Die als Bauterrain benutzte und großenteils angebaute Fläche geht hoch in die Tausende von Tagwerken! Stellen Sie nun den heutigen Wert dieser Fläche dem von 1870 gegenüber, so kommt man zu dem Schlusse, daß eine unendlich große Differenzsumme den ehemaligen und zum Teil den nachfolgenden Besitzern dieser Bodenflächen ausbezahlt worden ist. Nur ein Beispiel für viele. Der Sohn eines ehemaligen Bauern erhielt 1876 in der Erbschaft eine Grundfläche zugeteilt und zwar: 20 Tagwerke, angerechnet mit

18000 Mk., er verkaufte sie später um 1,000000 Mk. an einen Liebhaber und dieser veräußerte sie dann in Parzellen zum Wert von 3,500000 Mk.

In ähnlicher Weise — ja noch höher — stiegen in den verschiedenen Vierteln die Grundwerte. Ebenso profitierten die Besitzer von Gebäuden und unbebauten Flächen auch im Innern der Stadt. Ich habe hier einen besonderen Fall im Auge. Plätze, die da 1870 mit 22000 Mk. verkauft wurden, brachten dem Verkäufer im Jahre 1895 260000 Mk., also fast das Zwölffache!

Eine große Thätigkeit konnte das Baugewerbe entfalten, denn im Jahre 1876 waren inklusive Nebengebäuden in München versichert: 18,919 Gebäulichkeiten im Wert von 157,842610 Mk.

Diese Zahlen steigen folgendermaßen:

1880:	22374	mit einem Versicher.-Wert v.	227,464360 Mk.,
1885:	24383	„ „ „ „ „	273,506860 „
1890:	27651	„ „ „ „ „	344,405030 „
1895:	34790	„ „ „ „ „	476,581480 „
1900:	38911	„ „ „ „ „	639,985470 „
1901:	40837	„ „ „ „ „	707,347590 „

Es ist auffällig, wie die Ziffern der Gebäulichkeiten mit derjenigen Zahl in Einklang stehen, welche die zu dauerndem Aufenthalt angemeldeten Fremden haben. Ferner ist für spätere Schlußfolgerungen beachtenswert, wie groß im Jahre 1900 bis 1901 die Zahl der neuversicherten Gebäude wurde, so daß sie nahezu die Differenz erreicht, welche sich zwischen 1880—1885, also in fünf Jahren, ergibt.

Um nun zu erfahren, welche Summe annähernd dem Baugewerbe zugeflossen ist, darf man nur der Versicherungssumme 25% zuschlagen, um aber den Schätzungswert ungefähr zu erhalten, also das Ganze inklusive der bebauten und im Zusammenhang stehenden Fläche muß der versicherte Wert verdoppelt werden. (Bekanntlich werden die Gebäude nur auf das Brennbare, nicht aber auf das Mauerwerk ꝛc. versichert.)

Verschiedene Stichproben haben die Richtigkeit dieser Sätze bewiesen, insbesondere geht dies auch aus den für Miete fatierten

Beträgen hervor, wenn wir diese als eine ca. 5%ige Entschädigung aus dem Gesamtwert der Häuser rechnen.

Verdoppeln wir also die Versicherungssumme der im Jahre 1899/1900 angemeldeten Gebäude mit 639,985470 Mk., so erhalten wir 1,279970940 Mk. Hieraus 5% Zins = 63,985470 Mk.

Dagegen belaufen sich die fatierten Mieterträgnisse pro 1900 auf	55,810100 „
Die von Eigentümern bewohnten Gebäude werden angegeben im Mietwert mit . .	9,431800 „
Zusammen	65,241900 Mk.

Es ergibt sich also annähernd die gleiche Summe; denn die Differenz wird sich nahezu ausgleichen, wenn man bedenkt, daß die Bankkapitalien mit ½% Annuitäten und die Reparaturen mit ½% in die Kalkulation der Mietbeträge eingerechnet sind.

Nachfolgende Rechnung ergibt die Summe, welche das Baugewerbe in den Jahren 1876 1901 eingenommen hat:

Versicherungswert pro 1901 . . .		707,347590 Mk.
+ Zuschlag 25%		176,836898 „
		884,184488 Mk.
Versich.-Wert pro 1876	157,482610 Mk.	
+ Zuschlag 25% .	39,370652 „	196,853262 Mk.
Demnach sind		687,331226 Mk.

innerhalb 25 Jahren verbaut worden.

Für Baugründe sind aber nach der angegebenen Rechnung im Zeitraum von 1876—1901 vergütet worden (nur für den hier zur Berechnung gelangenden bebauten Raum): 333,657430 Mk.

Wollte man nun die Summe der in Baugründen innerhalb des angenommenen Radius angelegten Werte rechnen, so wird man wohl den fünf- bis sechsfachen Betrag nehmen dürfen, denn die Steigerung des Wertes in Grund und Boden, obgleich die Anbauung dieser Flächen noch lange auf sich warten lassen wird, ist leider hierfür im voraus diskontiert worden.

Nachdem hierdurch wohl hinlänglich der große Einfluß des Fremdenverkehrs in volkswirtschaftlicher Beziehung für München ziffermäßig nachgewiesen ist, dürfte es auch nicht uninteressant scheinen, den Einfluß dieser eben geschilderten Veränderungen auf die Steuerkraft kennen zu lernen.

Die Staatseinnahmen sind, wie schon erwähnt, während der Jahre 1870—1900 von ca. 153 Millionen auf ca. 433 Millionen gestiegen. An diesem Zuwachs zahlt München den hauptsächlichsten Teil, weil es durch seinen großen Konsum an Nahrungs- und Genußmitteln zu den indirekten Steuern am meisten beiträgt, ferner betragen die Einkünfte aus den Verbriefungen von Verkäufen im Kreise Oberbayern fast so viel als in allen übrigen Kreisen zusammen. Endlich ist München an der Gesamtsumme der direkten Steuerbeträge des ganzen Königreiches annähernd mit einem Dritteil, ca. 11—12 Millionen, beteiligt.

Von dieser Totalsumme der direkten Steuern Münchens fällt auf:

Kapitalsteuer:

1882	15 018	Pflichtige	Mk. 680 269	also stieg die Zahl der Pflichtigen um ca. 50 % bei 270 % Steuervermehrung.
1900	22 172	„	„ 1 696 086	

Einkommensteuer:

1882	54 445	Pflichtige	Mk. 349 127	Pflichtige = ca. 150 %
1900	130 581	„	„ 1 012 268	Steuer = „ 280 %

Gewerbesteuer:

1882	30 748	Pflichtige	Mk. 854 555	Pflichtige = „ 60 %
1898	32 939	„	„ 1 665 581	Steuer = „ 100 %
1900	33 582	„	„ 2 881 588	Pflichtige = „ 3 % Steuer = „ 70 %

Wenn nun aus obigen Ziffern das Aufblühen des Wohlstandes der Bürgerschaft und die Zunahme der Staatseinnahmen erwiesen ist, so mögen wiederum die Spareinlagen der unteren Klassen in die öffentlichen Sparkassen zeigen, daß von dem Segen alles mitprofitierte.

Es standen eingetragen:

1883	in 21 803	Einlegebüchlein	Mk.	5 831 312
1888	„ 37 607	„	„	13 208 464
1893	„ 52 440	„	„	20 909 658
1898	„ 75 865	„	„	33 622 808

Die Thatsache, daß Münchens Wohlthätigkeitsanstalten zur Zeit ein Vermögen von ca. 44 Millionen besitzen und jedes Jahr hierzu $2^1/_4$ Millionen Zuwachs erhalten, entrollt uns weiter das Bild der vermögenden, glücklichen Stadt.

Welchen Umständen verdankt nun München diese große Anziehungskraft für Fremdenverkehr und Ansiedelung?

Gewiß muß der Wahrheit gemäß anerkannt werden, daß weiland König Ludwig I. den Grundstein hierzu legte. Der Kunstsinn dieses königlichen Herrn hat Isar-Athen geschaffen. Und seine erhabenen Nachfolger haben mit Eifer, Fleiß und Glück das angefangene Werk der Vollendung zugeführt. Was hat München nicht für großartige Verschönerungen der Huld seiner Könige zu verdanken! Welche Anziehung für Fremde bilden nicht die Schlösser König Ludwig II.! Wie hat deren Herstellung zur Hebung des Kunstgewerbes beigetragen! Des Königs Kultus der Wagnermusik bildete den Grundstein für die Anziehungskraft unserer Theater und gab den Anstoß zur Schaffung eines Münchner Wagner-Festspielhauses, des Prinzregenten-Theaters. Was geschah und geschieht in unermüdender Weise nicht auch unter dem segensreichen Wirken der Regierung und unter dem persönlichen Einfluß Seiner Königlichen Hoheit unseres Allerhöchsten Herrn, des geliebten Regenten, Prinz Luitpold, für die Hebung der Kunst, des Kunstgewerbes und für die schöne und künstlerische Ausstattung der Stadt.

München hat aber außerdem noch andere Anziehungspunkte: seine fröhlichen, gemütlichen Bewohner, sein gutes, weltberühmtes Bier, seine herrliche Lage am Fuße der Alpen. Die Bedeutung als Durchgangsstation für die großen Eisenbahnlinien Paris—Wien—Berlin—Italien machten es zu einer der besuchtesten Fremdenstädte Deutschlands.

Berlin mit der Höchstziffer von 806000 Personen steht obenan, dann kommt München mit 457000 — Wien mit 358000 — Dresden mit 260000 Hotelfremden.

Glauben Sie nun, daß München trotz aller dieser Vorzüge hätte so heranblühen können, **wenn es den Ruf der gesunden Stadt nicht bekommen und verdient hätte, wenn es Cholera und Typhus noch zu periodisch wiederkehrenden und gefürchteten Gästen hätte?**

Deshalb soll an dieser Stelle auch in Hochachtung und Verehrung der Männer gedacht werden, die dieses Sanierungswerk geschaffen haben, vor allem des großen Gelehrten Pettenkofer und seiner Freunde: Ziemssen, der Bürgermeister Erhardt und Widenmayer. Nicht minder anerkennenswert sind die Arbeiten der Nachfolger dieser Männer, die das angefangene Sanierungswerk verständnisvoll fortsetzten und vollendeten. München wurde dadurch eine reinliche, schöne, hell erleuchtete Stadt, welche die besten und billigsten Kommunikationsmittel besitzt.

Für all diese Neuerungen sind die in der jüngsten Zeit heiß umstrittenen vielen Millionen aufgewendet worden, die uns aber reichen Segen und Gewinn brachten. Wenn auch die Kassen der Gemeinde vorerst nicht üppig voll sind, desto voller sind diejenigen der Bürger geworden, die diese guten Zeiten miterlebten und noch erleben dürfen.

Eine bessere Kapitalsanlage und bessere Mithilfe zur Hebung des Fremdenverkehrs und der Ansiedelungszunahme hätte die Stadtgemeinde nicht schaffen können. Ein kleines Beispiel zur Illustration dieser Behauptung:

Im verflossenen Herbst nahm ich öfters Gelegenheit, in Restaurants zu speisen, die von Fremden am meisten besucht waren. Einmal setzte sich ein Herr zu mir, ein Berliner höherer Gerichtsbeamter, wie ich aus der Unterhaltung schloß, der mich auch für einen Fremden hielt und fragte, wann ich zuletzt hier gewesen sei und ob mir nicht die großartigen Veränderungen zu gunsten der Stadt aufgefallen wären. „München," sagte er, „machte zu meiner Studienzeit, als ich hier war, einen mehr ländlichen Eindruck, heute aber ist es eine der feinsten Städte geworden, und in Anbetracht seiner Lage und sonstigen Reize ziehe ich München Berlin vor; ich werde auch, wenn ich in der Lage bin, meinen Aufenthalt zu wählen, wo es mir beliebt, nach München ziehen."

Ganz ähnlich hörte ich einen höheren Offizier aus Dresden sich äußern.

Solche einzelne Vorkommnisse sind beachtenswerte Winke!

So glänzend nun das hier entrollte Bild für uns Münchener erscheinen mag, so dürfen wir uns doch nicht verhehlen, daß auch große Gefahren in einer zu raschen Entwickelung zu gewärtigen sind.

Bedenken Sie die Folgen, wenn München in seinem progressiven Zuwachs Halt machte!

Wie würden die Millionenwerte, die in Häusern und in Terrains angelegt sind, fallen!

Man darf zur Vorsicht um so mehr mahnen, als die Spekulation oder der Optimismus die Terrainwerte, die über dem Weichbild Münchens liegen, ungesund in die Höhe schraubte, indem allda schon 50 Pfg. bis 1 Mk. für den Quadratfuß verlangt und bezahlt werden, während selbst dann, wenn die progressive Steigerung des Zuwachses anhalten würde, es wohl noch 20 bis 25 Jahre anstehen kann, bis die innerhalb des Weichbildes angelegten und angebauten Flächen in Zusammenhang mit den eröffneten Straßen ausgebaut sind.

Kommt nun ein Rückschlag, welches Unglück, welche Verheerung im Wohlstand würde dieser anrichten! Nicht die direkt Betroffenen allein, alles hätte darunter zu leiden, nicht nur München, ganz Bayern; und weit über dessen Grenzen hinaus würde eine solch unvorbereitet eintretende Katastrophe Wunden schlagen!

Der Unternehmungsgeist im Baufach und Terraingeschäft rechnet damit, daß dieser Zuwachs nicht nur gleich bleibt, sondern sich steigert. Dies geht aus folgenden Gründen hervor.

München hatte:

1885 . . .	61 045	Wohnungen	zur Verfügung
1890 . . .	82 818	„	
1895 . . .	96 197	„	
1900 . . .	118 738	„	

Zwischen 1900 und 1902 soll die Ziffer mindestens um 12 000 gestiegen sein.

Die Zahl der leeren Wohnungen, welche im Jahre 1895 mit 3102 angegeben sind, stiegen 1900 auf 5886, sollen aber seither noch wesentlich zugenommen haben!

Sollte diese große Zahl leerer Wohnungen uns nicht auch darauf verweisen, daß München an seinem Ruf als „billigste Stadt“ eingebüßt hat. Wer zwar anspruchslos hier leben will, wird seine Rechnung immerhin finden, allein für die Familien, die größere Ansprüche an das Leben machen, hat gerade dieser Anziehungspunkt an Kraft wesentlich verloren!

Diese Thatsachen legen uns aber eine weitere Mahnung und eine Pflicht ans Herz:

„Alles zu thun, was geschehen kann, um unsern Fremdenzuzug zu erhalten, alles zu vermeiden, was ihn schädigen könnte!“

Der Fremdenverkehr im allgemeinen wird kaum in Abnahme kommen, denn er ist eine naturnotwendige Reaktion der modernen Errungenschaften, die neben ihren Lichtseiten als Schattenseiten ein Hetzen und Jagen nach Erwerb gebracht haben. Eine Erholung, sei es ein Landaufenthalt oder eine erfrischende Reise, sind dem Großstädter geradezu zu einem unabweisbaren, jährlich wiederkehrenden Lebensbedürfnis geworden. Wir sehen das deutlich an uns selbst. Während früher der Mehrzahl der Münchener die Sommerfrische etwas Unbekanntes war und man sich mit Spaziergängen in die Umgebung begnügte, findet man heute kaum noch ein günstig gelegenes Ortchen in Oberbayern, in dem nicht wenigstens einige Familien ihren Ferienaufenthalt nehmen. Auch der deutsche Norden bevölkert im Sommer vorwiegend die Orte unseres Hochlandes. Der nach der Entwickelung des jungen Deutschen Reiches einkehrende Wohlstand belebte die Reiselust und entfesselt alljährlich einen Strom von Menschen, die durch den Aufenthalt in den Gebirgsthälern, an den Seen, durch den alpinen oder Radfahrsport — selbst durch Wintertouren — ihre abgespannten Nerven stärken und kräftigen wollen. Die Dampfkraft, die uns mit ihren Segnungen auch manche Schädigungen gebracht hat, birgt in sich auch wieder das Mittel zur Abhilfe, durch die zeitgemäße Entwickelung der Eisenbahnen und ein rasches und billiges Reisen.

Der Wohlstand der sich in den Städten und Industriecentren angehäuft hat, wird dadurch hinausgetragen in früher vereinsamte, unbeachtete, arme Gegenden, wo Hirtenvölker und Fischer ein anspruchsloses Leben führten.

Es sei bei dieser Gelegenheit darauf hingewiesen, daß das berühmte Monte-Carlo und noch viele andere Plätze an der

Riviera gegen die Mitte des vorigen Jahrhunderts arme Fischerdörfer waren und daß durch den Fremdenverkehr viele Bewohner dieser Orte sehr reiche Leute geworden sind.

Noch deutlicher tritt uns dieses Bild in der Schweiz entgegen. Während der Zeitdauer von ca. 40 Jahren hat sich das Schweizer Nationalvermögen mehr als verzehnfacht, die einst armen, in einsamen, früher unwirtlichen Thälern wohnenden Menschen sind wohlhabende Leute geworden. Einen Notstand, Bettel, kennt man in der Schweiz nicht mehr. Dagegen findet man an jedem Plätzchen, das sich als einigermaßen sehenswert bewundern läßt, gut geleitete Hotels und an den besonders hervorragenden Aussichtspunkten oder landschaftlich schön gelegenen Plätzen sind Hotelpaläste erbaut, die allen erdenklichen Komfort zu mäßigen Preisen bieten.

Auch unser Nachbarland Tirol und das Salzkammergut haben an dem Beispiel der Schweiz gelernt. Wenn man vor 20 Jahren durch Tirol gewandert ist, begegnete man überall Not und Bettelei. Es ist auch heute dieser Übelstand noch nicht ganz geschwunden, aber da, wo sich Einsicht und Energie gepaart haben und den Fremdenverkehr zu heben verstanden, ist echter Wohlstand eingekehrt.

Diese Thatsachen reifen die Ansicht, daß die Bodenschätze eines Landes nicht nur in den Erzeugnissen der Landwirtschaft und der Hebung der Mineralien, Erze und kostbaren Steine, in den krafttreibenden und fischreichen Gewässern zu erblicken sind, sondern daß man auch die landschaftlichen Reize als einen wertvollen Faktor betrachten darf. Ja gar oft sind diese Naturschätze höher zu berechnen, denn die Statistik der Steuereinnahmen belehrt uns, daß Gegenden unseres Königreiches, die durch Weinbau oder durch guten Humus für Körnerfrucht hervorragend von der Natur bedacht sind, in der jüngsten Zeit der Blüte des Gewerbes wenig Veränderung in der Steuerabgabe zeigten, während solche Orte, an denen der Fremdenbesuch sich entwickeln konnte, sich ganz enorm zu gunsten der Steuerkraft verändert haben.

Um Beispiele anzuführen, werde ich mich wieder eines Zahlenmaterials bedienen, das weniger unterhaltend als belehrend ist. Wenn wir Menschen lange Jahre hindurch nebeneinander leben, bemerken wir die Veränderungen, die während dieser Zeit an unseren Gesichtszügen vorgehen, oft kaum. Bekommen wir aber zufällig eine Photographie aus älterer Zeit zur Hand, dann gewahren wir den Unterschied. Gerade so ist es auch im politischen und Erwerbsleben. Das, was im ersten Fall die Photographie besorgt, lehrt hier die Statistik.

Das reiche, mir zur Verfügung stehende statistische Material verdanke ich der Liebenswürdigkeit und dem Entgegenkommen einer Reihe von hohen Herren unserer Beamtenwelt, sowie den Vorständen vieler Fremdenverkehrsvereine und sonstigen Freunden und Interessenten der Sache, weshalb ich mit besonderem Vergnügen hier die Gelegenheit benütze, um hierfür meinen allerherzlichsten Dank auszusprechen.

Die Statistik über Fremdenverkehr im Hochland bedarf bei uns noch einer besseren Ausgestaltung. Ich kann deshalb zu meinen Darlegungen nur solche Stationen auswählen, die eine genauere Aufzeichnung geführt haben, wie z. B. Partenkirchen-Garmisch und Mittenwald.

Sie werden hierbei auch gewahr, welchen Einfluß die Führung der Eisenbahn an solche Orte hat.

Der Fremdenverkehr (die Aufenthaltsdauer schwankt vom Minimum von 3—4 Tagen bis zum Maximum von 3 bis 4 Monaten) belief sich in den Jahren

		für Partenkirchen	Garmisch	Mittenwald
1882		2098	1310	keine Aufzeichn.
1885		3718	2258	"
1889	(Bahneröffnung)	5132	3642	"
1890	(Oberammergauer Festspieljahr)	11400	8450	"
1895		9000	7654	"
1899		13432	8806	7777
1900	(Oberammergau Festspieljahr)	19433	14817	11702
1901		11449	10013	8727

Die Eisenbahn beförderte ab Murnau nach Partenkirchen

						Totaleinnahme
1890	an Personen	329299,	Güter	27838	Tonnen,	355172 Mk.
1895	" "	170518,	"	45634	"	244839 "
1899	" "	210160,	"	63205	"	306204 "
1900	(Murnau-Oberammergauer Bahn)	309088,	"	52714	"	368593 "

Ziehen wir nun das Mittel aus den Jahren 1899 und 1901, so haben wir die Ziffer von 35000 Personen, die längeren Aufenthalt an diesen drei Orten genommen haben.

Berechnen wir, daß diese Personen im Durchschnitt 10 Tage an den Plätzen verweilten, was sehr nieder gegriffen ist, und jeder Fremde per Tag 10 Mk. verausgabte, so ergibt sich hierdurch eine Einnahme von 3,540000 Mk. für Kost und Logis allein. Dazu kommt noch, was sonst verausgabt wird, dann die Einnahmen der Fuhrwerksbesitzer, Bergführer, Händler und Gewerbetreibenden aller Art. Noch mehr fällt ins Auge die bessere Verwertung der landwirtschaftlichen Erzeugnisse. Früher bekamen die Leute für Milch 10—12 Pf. per Liter, nun 20—25 Pf., in Wirtschaften zahlt man sogar 40 bis 50 Pf. Berechnen wir nun aber das stetige Ansteigen der Werte der Bodenflächen, die sich zur Ansiedelung eignen, so sehen wir, daß die Quelle des Wohlstandes für die Grundbesitzer reichlich weiter fließt.

Laut amtlichen Mitteilungen sind die Wiesen, die nunmehr Bauplätze wurden, zu folgenden Preisen gehandelt worden:

1875 mit 10 Mk. per Dezimale,
1885 „ 20— 25 Mk.,
1890 „ 40— 50 „
1900 „ 80—150 „

Angenommen, daß in einer derartigen Gemeinde innerhalb dieses Zeitraumes 200 Tagwerk, für Villenanlagen geeignet, verkauft (wenn auch nur teilweise überbaut) wurden, so erhielten die Besitzer zusammen heute — wenn man einen Durchschnittspreis von 100 Mk. per Dezimale annimmt — 2,000000 Mk. gegenüber der früheren Bewertung von 1870,
per Dezimale 12 Mk. . . . . = 240000 „
bleibt also ein Gewinn von 1,760000 Mk.

Die Überbauung dieser Flächen brachte und bringt fortwährend dem Baugewerbe reiche Früchte, ebenso wie die früher kaum beschäftigten Bauernknechte und jungen Männer während des Frühjahrs und Herbstes gut bezahlten Lohn im Bauhandwerk finden, während sie in den Sommermonaten als Führer Jäger ꝛc. ihr Auskommen haben. Wie die Hoteleinnahmen alle Berufskreise durchfließen, so verhält es sich auch mit den Einnahmen der Bauunternehmer.

II. Statistische Tabelle.

Gemeinde	Bevölkerung 1861	1875	1885	1895	1900	Zahl der Gebäude und ihre Bauwerte Versicherungssumme × 25 % — 1875 Zahl der Gebäude	1875 Werte in 1000 ℳ	1885 Zahl der Gebäude	1885 Werte in 1000 ℳ	1895 Zahl der Gebäude	1895 Werte in 1000 ℳ	1900 Zahl der Gebäude	1900 Werte in 1000 ℳ	Verausgabt für Neubauten innerhalb 25 Jahren
Reichenhall	3071	3302	3486	4193	4927	722	6 150	991 377	7 062	1251 516	10 250	1427 606	14 290	8,140 Mill. Mark
Berchtesgaden	1812	1816	1888	2349	2634	428	2 225	499 240	2 538	704 300	4 800	789 321	6 620	3,825 „ „
Miesbach	1436	2067	2398	3053	3429	408	1 795	497 285	2 437	577 287	3 088	638 306	3 462	1,687 „ „
Gmund [1])	783	809	1071	1253	1432	220	0 700	322 165	1 662	382 169	2 000	425 184	2 500	1,800 „ „
Rottach und Egern	981	1112	1130	1210	1346	326	0 887	392 192	1 325	458 213	1 690	517 242	2 480	1,640 „ „
Schliersee	695	1204	1436	1925	2269	289	0 810	390 200	1 390	519 234	2 305	635 287	3 050	2,260 „ „
Tegernsee	1003	1235	1330	1395	1619	399	2 312	560 229	4 812	650 227	5 800	711 242	6 500	4,188 „ „
Garmisch	1539	1612	1671	2025	2363	364	0 925	432 387	1 150	528 378	2 775	681 418	4 700	3,775 „ „
Partenkirchen	1257	1356	1535	1855	2257	337	1 212	406 306	1 512	525 356	3 100	642 397	4 838	3,626 „ „
Starnberg	836	1447	1768	2229	2853	333	2 322	537 298	3 760	697 320	4 900	953 385	7 190	4,868 „ „
Tutzing	519	903	1233	1468	1632	259	1 845	395 194	2 950	535 252	3 960	652 244	4 675	2,830 „ „
Planegg	507	610	700	859	1339	223	1 140	250 127	1 490	325 142	1 862	469 171	3 025	1,885 „ „
Oberstdorf	1874	1770	1813	1953	2363	454	2 450	499 390	2 575	587 424	3 462	664 450	4 550	2,100 „ „
Immenstadt	1499	2487	2923	3555	3963	384	3 380	428 266	3 620	573 289	4 512	619 318	5 625	2,245 „ „

Die klein gedruckten Ziffern bezeichnen die Zahl der Wohngebäude.

[1]) Für Gmund sind die Zahlen von Ostin, zu welcher Gemeinde Gmund gehört, angegeben.

Zur Beurteilung, welchen Umfang das Baugewerbe in den Fremdenstationen angenommen hat, lasse ich vorhergehende Tabelle II sprechen, die auf Grund der in der Kgl. Versicherungskammer angemeldeten Gebäude zusammengestellt ist. Sie zeigt die Zahl der Haupt- und Nebengebäude, deren Stand- und Bauwert in den abgeschlossenen Jahrgängen, sowie den Zuwachs der Bevölkerung.

III. Tabelle für Bierkonsum.

	1870	1880	1890	1900
	hl	hl	hl	hl
Garmisch	2 138	2 836	6 057	8451
Partenkirchen	2 000	3 800	7 000	11213
Rottach	3 600	4 000	4 300	5500
München	—	1 064 631	1 419 645	1745974
Murnau am Staffelsee .	—	—	—	—
Faulenbach	490	570	650	670
Schwangau.	2 400	2 400	3 000	3 700
Füssen	9 500	10 308	11 651	17 986

Die Tabelle III gibt die Ziffern des Konsums einiger Gemeinden an. Alle Zahlen beweisen ständigen Aufschwung, und so darf es auch nicht wundern, wenn die Staatseinnahmen unter solchen Umständen anwachsen, wie uns die Tabelle IV darthut. (Siehe S. 36 u. 37.)

Einen weiteren Beweis dafür, daß die dienenden Klassen auf dem Lande an diesen Einnahmen participieren, gibt die Tabelle V über Spareinlagen.

Endlich geben die Zahlen über die Zunahme des Postverkehrs nach Tabelle VI ein ebenso sprechendes Bild wie Tabelle VII, die über den Güterversandt Auskunft erteilt.

Angebliche Nachteile, denen nicht kräftig zu begegnen wäre, bringt der Fremdenverkehr auch in kultureller Hinsicht nicht mit sich, im Gegenteil, die Landbewohner werden durch besseren Verdienst in den Stand gesetzt, ihre Kinder mehr lernen zu

Tabelle V.

Übersicht der Gesamteinlagen inkl. der admassierten Zinsen und der Zahl der Einleger der öffentlichen Sparkassen des Königreichs, des Kreises Oberbayern und einzelner Kassen in den Jahren 1874, 1878, 1883, 1888, 1893, 1898.

	Bis zum Schlusse des Jahres											
	1874		1878		1883		1888		1893		1898	
	betrugen nach den Veröffentlichungen des Kgl. Statist. Bureaus die											
	Gesamteinlagen einschl. der admass. Zinsen ℳ	Zahl der Einleger	Gesamteinlagen einschl. der admass. Zinsen ℳ	Zahl der Einleger	Gesamteinlagen einschl. der admass. Zinsen ℳ	Zahl der Einleger	Gesamteinlagen einschl. der admass. Zinsen ℳ	Zahl der Einleger	Gesamteinlagen einschl. der admass. Zinsen ℳ	Zahl der Einleger	Gesamteinlagen einschl. der admass. Zinsen ℳ	Zahl der Einleger
Königreich	70253440	299277	81546248	307183	114 167 187	396 117	159 723 332	530 373	216 288 399	638 887	295 974 382	780 366
München	(fehlt Ausscheidung)				5 831 312	21 803	13 208 464	37 607	20 909 658	52 440	33 622 808	75 865
Oberbayern	13445771	44 457	14945311	46 807	20 930 219	65 387	32 610 832	94 160	43 780 492	116 879	61 842 941	149 157
Distrikte:	Ist die Ausscheidung nach den einzelnen Kassen damals nicht erfolgt.											
Miesbach	—	—	—	—	48 977	343	88 081	516	210 569	860	500 116	1 432
Berchtesgaden	—	—	—	—	53 099	280	117 321	465	179 602	655	295 557	1 012
Reichenhall	—	—	—	—	98 828	309	176 952	512	223 335	677	304 132	920
Garmisch	—	—	—	—	19 072	113	34 172	157	49 837	213	99 677	392
Tegernsee	—	—	—	—	491 433	1 229	571 799	1 520	641 805	1 634	716 161	1 886
Immenstadt	—	—	—	—	448 972	1 670	783 359	2 324	1 133 959	2 872	1 307 105	3 100
Sonthofen (statt Oberstdorf)	—	—	—	—	226 914	739	419 488	1 168	685 571	1 709	989 642	2 263

lassen, die begabteren in die Mittelschulen zu schicken und so zur Entlastung der Gemeinden und zur Hebung ihres Bürgerstandes beizutragen.

VI. Tabelle
für die Einnahmen aus dem Post- und Telegraphenverkehr in folgenden Postämtern:

	1880	1890	1900
	ℳ	ℳ	ℳ
Oberstdorf	2 833	10 385	26 651
Fischen	2 584	3 836	5 505
Hintelang	3 185	5 784	7 179
Berchtesgaden . . .	15 924	41 896	86 429
Schellenberg	1 139	1 454	3 065
Ramsau	—	1 692	2 933
Reichenhall	32 286	68 727	137 577
Miesbach	13 579	21 997	39 224
Tegernsee	15 657	21 902	42 443
Schliersee	3 568	7 500	20 990
Rottach	—	6 892	18 386
Starnberg	10 214	18 020	49 516
Planegg	2 023	5 905	20 285
Tutzing	5 213	11 004	28 290
Feldafing	2 491	5 596	10 164
Garmisch	5 374	16 768	36 375
Partenkirchen	6 619	16 878	50 306
Mittenwald	4 849	9 539	16 015

VII. Tabelle
für den Güterempfang.

Stationen	1870	1880	1890	1900
	Tonnen	Tonnen	Tonnen	Tonnen
Miesbach	2 930	12 676	16 915	21 598
Schliersee	1 318	3 492	7 674	9 079
Planegg	564	2 630	5 189	14 012
Starnberg	1 333	4 562	12 227	19 650
Tutzing	2 468	3 561	7 294	11 109
Reichenhall	2 883	4 692	15 056	30 670
Berchtesgaden . . .	—	—	5 092	17 737
Immenstadt	13 691	12 337	16 051	27 136

Eigentümlicherweise sind uns in Bayern die goldenen Früchte aus dem Fremdenverkehr bisher fast mühelos in den Schoß gefallen. Um so mehr ist es aber unsere Pflicht, jetzt, wo eine Gefahr des Rückganges droht, wo man sich an allen Orten um den Fremdenverkehr reißt, mit aller Umsicht und Energie vorzugehen.

Andere Länder haben sich mit viel Aufwand von Geldmitteln um den Fremdenverkehr bemüht. So z. B. besteht für die Schweiz in Luzern schon seit 1875 ein Verein zur Hebung des Fremdenverkehrs, der laut Rechenschaftsbericht jährlich ca. 60000 Francs für diese Zwecke verausgabt. Er läßt einen Führer in allen hauptsächlichen Sprachen erscheinen und hält während der Saison eine mehrsprachige Fremdenzeitung. Ja wir sehen in der Schweiz die bemerkenswerte Erscheinung, daß in vielen Landschulen die Kinder das Notwendigste des Englischen und Französischen gelehrt bekommen, um den Fremden in ihrer Muttersprache die nötigsten Dienste leisten zu können. Wie in Luzern haben sich auch an anderen schweizerischen Fremdenstationen Vereine gebildet, die sämtlich seit einigen Jahren in einen Landesverband zusammengetreten sind. Diesen unterstützt die Bundesregierung mit namhaften Zuschüssen. So genehmigte sie 50000 Francs für eine Propaganda in Amerika vor Beginn der Pariser Weltausstellung, die den Erfolg hatte, daß der Fremdenbesuch aus Amerika sich verdoppelte.

Nach einer von einem Schweizer Nationalökonomen angefertigten Statistik haben sich die sämtlichen im Jahre 1894 in den Schweizer Hotels niedergelegten Werte annähernd auf 500 Millionen Francs belaufen, während die Einnahmen derjenigen Hotels, die sich dazu verstanden, Ziffern anzugeben, im Jahre 1893 rund 102 Millionen Francs betragen haben.

Hieran participierten damals 32% Deutsche, 13% Engländer, 10% Franzosen, 12% Amerikaner und 6% Russen.

Eine spätere Tabelle läßt ersehen, daß der Umsatz in der Schweiz in den verflossenen sieben Jahren sich um 30% gesteigert hat und der Anteil der Deutschen von 31,9 auf 41,6% gewachsen ist.

Im Jahre 1894 wurden in Luzern allein für Billeten 1008327 Francs eingenommen.

In Tirol hatte der im Jahre 1882 gebildete Landesverband eine rege Thätigkeit entwickelt. Zum weiteren Beweis für die volkswirtschaftliche Bedeutung des Fremdenverkehrs kann ich folgende einer Eingabe des Landes-Verbandes an die Kgl. Kaiserl. Staatsregierung in Wien entnommene Ziffern angeben:

1892	Fremdenbesuch in Tirol	213260
1897	„ „ „	363214
1898	„ „ „	411779
1899	„ „ „	453960

Dieser Besuch hat nun die Höhe der Hälfte der Bevölkerungsziffer annähernd erreicht, welche auf 938362 im Jahre 1898 gegen 878907 im Jahre 1880 angewachsen ist.

Die Steuerabgabe indessen ist noch interessanter:

Im Jahre 1880 lieferte Tirol an den Staat ab	913209 fl.
„ „ 1890 „ „ „ „ „ „	1173900 „
„ „ 1898 „ „ „ „ „ „	1437458 „

Vor dem Jahre 1870 gab es, wie es in einer Denkschrift des Landesverbandes an die Staatsregierung heißt, keinen eigentlichen Fremdenverkehr in Tirol, und die heutigen Frequentanten dieses Landes rekrutieren sich zu annähernd 70% aus dem Deutschen Reiche.

Die Einnahmen der Hotels in Tirol betrugen im Jahre 1898 15,379360 fl.; das Salzkammergut hat ähnliche Ziffern. Eine so genaue Statistik aber wie in Tirol besteht dort zur Zeit noch nicht.

Interessant sind aber auch die Ziffern der Besucher von Salzburg, die lauten:

	1898	1895	1894
Deutsche	34816	30465	28000
Engländer	539	1178	770
Franzosen	111	—	—
Russen	480	1270	852

In einem Bericht der Handels- und Gewerbekammer zu Salzburg an die Kgl. Kaiserl. Staatsregierung lenkt diese Korporation das Augenmerk auf die große Bedeutung des

Fremdenverkehrs und führt u. a. aus: „Die Gewerbsmeister auf dem Lande würden unter der ausgebildeten Technik im Fabrikationswesen ganz verarmt sein, wenn nicht der Fremdenverkehr ihnen die Existenz ermöglichte und neuen äußerst nötigen Verdienst brächte."

Dieser und ähnlichen wichtigen Begründungen zufolge hat das Kgl. Kaiserl. Staatsministerium laut Mitteilung des Landesverbandes von Salzburg die Bildung einer Centralstelle beim Kgl. Eisenbahnministerium beschlossen, welche unter Beteiligung des berührten Ressortministeriums und der Mitarbeit der Landesverbände den Fremdenverkehr fördern soll.

Nicht nur in all den reizvollen Gebirgsgegenden und an den schönen Gestaden des Mittelmeeres, an der Riviera treten Staat, Gemeinden und Bürger zusammen, auch im ganzen Deutschen Reich sind nicht weniger als ca. 800 Vereine entstanden, welche den Fremdenverkehr kultivieren sollen. Über die Art und Zahl der Beteiligung gibt die Tabelle VIII näheren Aufschluß. (Siehe S. 32.)

Der Frankfurter Verein hat im Januar zu einem Verband Deutscher Fremdenverkehrsvereine eingeladen, dieser Einladung haben 52 Vereine sofort Folge geleistet.

Was hat nun München und unser Hochland auf diesem Gebiete geleistet?

München hat wohl im Jahre 1890 einen Fremdenverkehrsverein erhalten, der 1892 zu einem Bayerischen Landesverband erweitert wurde. Jedoch infolge mißlicher Verhältnisse wurde der Landesverband 1894 aufgelöst.

Aus dem Verband ging der heutige Verein zur Förderung des Fremdenverkehrs hervor, der zwar eine rührige Thätigkeit entwickelt, leider aber nur von ca. 300 Bürgern mit je einem Beitrag von 10 Mk. per Jahr unterstützt wird.

Das ist ja klar, daß mit einer solchen Unterstützung so gut wie nichts zu erreichen ist, und aufrichtige Bewunderung muß den Herren gezollt werden, welche die Langmut haben, ihre jedenfalls im eigenen Beruf kostbare Zeit einer so undankbaren Aufgabe hinzuopfern — namentlich wenn man hört, daß vom bayerischen Hochlande insgesamt 80 Mk. pro Jahr Zuschuß fließt! Mit Recht sagt sich der Vorstand des Vereins, daß es unter solchen Umständen besser wäre, den Verein aufzulösen. Denn auch hier gilt das Motto: „Recht oder gar nicht!“

VIII. Tabelle für die Fremdenverkehrsvereine.

Gemeinden	1899			1900		
	Zahl der Fremden	Beiträge der Mitglieder ꝛc.	Beiträge der Gemeinde	Zahl der Fremden	Beiträge der Mitglieder ꝛc.	Beiträge der Gemeinde
		ℳ	ℳ		ℳ	ℳ
Dresden	260 000	—	—	382 000	7 870	2 000
Düsseldorf	134 000	5 315	4 000	—	—	—
Heidelberg	—	—	—	197 000	3 200	—
Mülhausen	—	—	—	—	3 201	1 500
Stuttgart	179 950	3 942	1 000	—	—	—
Berlin	—	—	—	806 628	—	—
Innsbruck	108 656	—	—	—	—	—
Bozen	49 104	—	—	—	—	—
Bregenz	—	2 906	527	—	—	—
Wien	358 308	—	—	—	—	—
Zürich	264 940	18 680[1])	6 400	—	—	—
Luzern	139 475	11 038	3 200	—	—	—
Basel	—	—	—	159 500	7 008	6 000
St. Gallen	—	—	—	—	4 114	1 600
Solothurn	—	—	—	—	2 175	1 200

[1]) Zusammengesetzt aus

Beiträgen der Mitglieder	Fr.	9 938.—
„ „ Verkehrsanstalten	„	4 868.—
„ „ Bankinstitute	„	955.—
„ „ Regierung	„	300.—
„ „ Bierbrauereien	„	220.—
„ „ Hoteliersvereine	„	6 000.—
„ „ 4 Hotel u. Kuranstalten	„	850.—
„ „ Vereine	„	220.—
	Fr.	23 351.— = ℳ 18 680.

Gerade in Anbetracht der Ihnen bereits geschilderten Gefahren: des Überschusses an Wohnungen, des Rückganges im Baugewerbe, der momentanen Depression auf dem Gebiete der Industrie darf man aber die Flinte nicht ins Korn werfen, sondern man muß frisch ins Zeug gehen. Und so rufe ich allen, denen das Wohl der Heimat und damit das eigene am Herzen liegt, zu: „Wenn Ihr wollt, daß eine Quelle des Wohlstandes Euch erhalten bleibt und nicht versiegt, so tretet zusammen, zeigt Eure Opferwilligkeit für Euer und das gemeinsame Wohl Eurer schönen Heimat, indem Ihr helft, mit kräftiger Unterstützung jeglicher Art den Verein zu großen Aktionen zu befähigen!"

Mancher mag im Gedränge seines eigenen Berufslebens übersehen, wie notwendig in dieser Hinsicht ein Zusammenhalten ist.

Das Wichtigste bleibt, unsere Verkehrsstraßen — das sind die Eisenbahnen — stets so zu führen, daß der Weg, wo immer möglich, über unser Gebiet geht, daß die Anschlüsse der Züge für Bayern stets ohne Zeitverlust und möglichst mit direkten Wagen sich vollziehen, daß von den Landungsplätzen der Dampferlinien praktische Schnellzüge über Bayern und nach München führen.

Durch Veranstaltung von Touristenzügen bei besonderen Anlässen sollten rasche und billige Reisegelegenheiten geschaffen werden.

Die Veranstaltung von Ausstellungen, Festlichkeiten sollte nach Möglichkeit auch im Winter den Fremden Anlaß zur Reise zu uns geben. Dem Unterkunfts- und Verpflegungswesen ist besondere Aufmerksamkeit zuzuwenden. Fachschulen für Hoteliers, Hotelköche und -Köchinnen sollten erstehen, Belehrungen für die Ausstattung des Hotels und den Komfort in Stadt und Land entsprechend verbreitet werden.

Anzustreben wäre auch ein Zusammengehen mit den Landesverbänden von Tirol und Salzkammergut, insbesondere da, wo uns gemeinsame Interessen verbinden; es müssen ja alle Reisende, die von Norden kommend dorthin reisen wollen, den Weg über Bayern und München nehmen. Gerade diesem Umstand wäre namentlich in Bezug auf Eisenbahnverbindungen Beachtung zu schenken. Bis von Südtirol, sogar von Italien kommen Besucher zu unseren Theatervorstellungen, namentlich seit der Entstehung des Prinzregenten-Theaters. Je näher wir diese Städte durch schnellere und bequemere Verbindungen einander bringen, desto reger werden die Fremdenbesuche sein.

In Bezug auf die landschaftlichen Schönheiten dieser Nachbarländer mag hier ein Wort des Kaisers Franz Joseph Platz finden, der, von seiner Reise durch die Schweiz nach Wien zurückgekehrt, beim Empfang des Schweizer Gesandten Äppli sich äußerte: „Auch unser Alpenland ist wundervoll, seine Naturschönheiten halten vielfach den Vergleich mit der Schweiz aus.“ Das gleiche kann auch von unserem bayerischen Hochland gesagt werden, ja noch mehr, es hat als großen Vorzug die Nähe der bayerischen Hauptstadt, die während der nicht ausbleibenden Regentage zur Sommerszeit den Fremden einen anregenden Aufenthalt bietet und das durch seine Bildungsanstalten und sonstigen Vorzüge zu dauerndem Aufenthalt einladet.

Weitere Fortschritte wären es, wenn wir, wie es in der Schweiz, z. B. in Zermatt, der Fall ist, auch auf dem Lande Gelegenheit böten, die Kinder in den wichtigsten Grundlagen der hauptsächlichsten fremden Sprachen zu unterrichten.

Sind einmal diese notwendigsten Vorarbeiten gethan und ist der Fremde zu der Einsicht gelangt, daß er bei uns für sein Geld etwas sieht und bekommt, dann wird eine wohlorganisierte Propaganda nach Ländern mit konsumkräftigen Bewohnern, wie z. B. Amerika, mit dem die Deutschen soeben einen neuen freundschaftlichen Bund geschlossen haben, reichen Nutzen bringen.

Als eine Anregung, die hoffentlich in nicht allzu ferner Zeit ihre Verwirklichung finden wird, möchte ich hier die Schaffung einer großen Export-Musterhalle empfehlen. Dort müßten alle speciell bayerischen, zum Export sich eignenden Erzeugnisse ausgestellt sein, damit wir der Außenwelt zeigen, was wir zu leisten vermögen. Daneben könnten in Bildern unsere merkwürdigsten historischen Städte und Baudenkmäler, unsere schönsten Landschaften zur Ansicht gebracht werden, so daß der Besucher sich ordentlich verlockt fühlt, diese Reize unseres Landes persönlich kennen zu lernen. In einem solchen Hause wäre dann auch der Platz für das Bureau eines Vereins für den Fremdenverkehr, eines Bureaus im großen

Stil mit Lese- und Schreibzimmer, Post, Telegraph, Fahrscheinausgabe und Auskunftsstelle über alles, was den Fremden interessieren kann, Bildungsanstalten, Wohnungsvermietung, Villenverkauf, Reiserouten, Bäder, Hochtouren u. s. w. Ein solcher monumentaler Bau an Stelle des heutigen Augustinerstockes z. B. (nur in der Mitte der Stadt hat eine derartige Halle den richtigen Platz) könnte für Stadt und Land nicht nur eine außerordentliche Zierde sein, sondern auch eine große Quelle des Nutzens und Segens werden. Daß die Leitung eines Vereins mit solch weitgehenden Zielen nicht von Herren im Ehrenamte geführt werden kann, ist leicht erklärlich. Hier bedarf es einer gut dotierten und wohl organisierten Geschäftsstelle. Zur Vollziehung eines solchen Programms muß aber auch alles, Stadt und Land, zusammenwirken, die hohen Kammern, die Ministerien, die Regierungen wie der Landrat, Distriktsrat und die Gemeinden, die Vorstände der Bildungsanstalten, der Theater, der Künstler-Genossenschaften, Handels- und Gewerbekammern ꝛc. bis zum einfachen Gewerbsmann müßten dem Unternehmen ihre Unterstützung leihen. Seitens unseres erhabenen Herrscherhauses, voran unseres geliebten Regenten, darf dies gesichert erscheinen. Ist doch Prinz Ludwig von Bayern in höchst eigener Person der Protektor des Vereins für die Förderung des Fremdenverkehrs, und damit ist schon der Beweis erbracht, daß von allerhöchster Seite die wirtschaftliche Bedeutung des Fremdenverkehrs nicht verkannt wird.

„Stattet den Verein mit reichen Mitteln und entsprechenden Kräften aus, stellt eine tüchtige kaufmännische, mit den Weltsprachen vertraute Kraft als Geschäftsführer an seine Spitze, gebt ihm eine großzügige, wohlorganisierte Marschroute, deren Einhaltung der Verein in Form eines Aufsichtsrates zu überwachen hat, und diese Anlage wird reiche Zinsen tragen eben durch den wirtschaftlich so wertvollen und uns unentbehrlichen Geldstrom, den der Fremdenverkehr uns zuträgt!“

IV. Tabelle über die Steuerabgabe-Vermehrung der Jahre 1870 bis 1900.

	von 1870—80	von 1870—90	von 1870—1900	von 1870—80	von 1870—90	von 1870—1900
		Berchtesgaden			**Planegg**	
an Haussteuer . . . . . um das	1,5 fache	2,9 fache	5,7 fache	1,2 fache	1,7 fache	2,3 fache
„ Gewerbesteuer . . . . . „ „	2,3 „	3,8 „	5,3 „	1,4 „	1,5 „	2,3 „
„ Kapitalsteuer . . . . . . „ „	1,8 „	2,0 „	5,6 „	7,6 „	101,3 „	322,8 „
„ Einkommensteuer . . . . „ „	1,9 „	2,4 „	3,9 „	3,9 „	3 „	20,3 „
		Feldafing			**Ramsau**	
an Haussteuer . . . . . um das	1,1 fache	1,6 fache	1,9 fache	—	1,1 fache	1,2 fache
„ Gewerbesteuer . . . . . „ „	2,1 „	5,0 „	6,3 „	2,0 fache	3,8 „	3,2 „
„ Kapitalsteuer . . . . . . „ „	60,5 „	10,1 „	24,6 „	2,3 „	6,4 „	10,3 „
„ Einkommensteuer . . . . „ „	5,1 „	6,2 „	11,1 „	2,0 „	1,9 „	3,0 „
		Garmisch			**Reichenhall**	
an Haussteuer . . . . . um das	1,1 fache	1,8 fache	7,0 fache	1,3 fache	1,9 fache	3,4 fache
„ Gewerbesteuer . . . . . „ „	1,4 „	2,3 „	3,0 „	1,8 „	3,1 „	2,5 „
„ Kapitalsteuer . . . . . . „ „	3,1 „	2,6 „	14,1 „	3,3 „	5,7 „	6,4 „
„ Einkommensteuer . . . . „ „	1,7 „	3,2 „	4,3 „	3,0 „	3,9 „	5,4 „
		U.-Greinau			**Rottach**	
an Haussteuer . . . . . um das	1,0 fache	1,6 fache	2,0 fache	1,0 fache	1,2 fache	1,2 fache
„ Gewerbesteuer . . . . . „ „	3,0 „	3,0 „	13,5 „	1,6 „	2,3 „	3,1 „
[illegible]	[illegible]	[illegible]	[illegible]	[illegible]	[illegible]	[illegible]

„ Gewerbesteuer . . . . . „ „	—	1,7 „	1,4 „	—	1,5 „	1,3 „
„ Kapitalsteuer . . . . . „ „	6,1 „	16,4 „	50,9 „	62,5 „	79,7 „	112,4 „
„ Einkommensteuer . . . „ „	3,5 „	4,9 „	3,7 „	2,9 „	2,0 „	2,5 „
		Miesbach			**Schliersee**	
an Haussteuer . . . . . um das	1,3 fache	1,2 fache	2,6 fache	1,1 fache	1,6 fache	2,0 fache
„ Gewerbesteuer . . . . . „ „	1,4 „	2,0 „	22,9 „	1,8 „	3,0 „	4,0 „
„ Kapitalsteuer . . . . . „ „	2,8 „	3,0 „	4,6 „	3,5 „	4,4 „	10,4 „
„ Einkommensteuer . . . „ „	2,9 „	15,4 „	8,0 „	3,8 „	5,2 „	10,3 „
		Mittenwald			**Starnberg**	
an Haussteuer . . . . . um das	1,0 fache	1,2 fache	1,7 fache	2,8 fache	4,4 fache	7,4 fache
„ Gewerbesteuer . . . . . „ „	1,5 „	2,1 „	1,9 „	3,0 „	4,5 „	6, „
„ Kapitalsteuer . . . . . „ „	2,2 „	2,1 „	1,7 „	4,9 „	11,0 „	22,9 „
„ Einkommensteuer . . . „ „	1,8 „	2,4 „	1,8 „	2,3 „	4,6 „	5 „
		Oberstdorf			**Tegernsee**	
an Haussteuer . . . . . um das	7,6 fache	10,8 fache	17,4 fache	1,6 fache	2,1 fache	2,8 fache
„ Gewerbesteuer . . . . . „ „	2,2 „	2,1 „	4 „	1,0 „	1,9 „	2,3 „
„ Kapitalsteuer . . . . . „ „	2,3 „	5,6 „	7,3 „	3,2 „	6,5 „	8,0 „
„ Einkommensteuer . . . „ „	3,2 „	3,6 „	7 „	3,5 „	4,8 „	5,2 „
		Partenkirchen			**Tutzing**	
an Haussteuer . . . . . um das	1,7 fache	3,5 fache	12,4 fache	1,6 fache	21,0 fache	30,2 fache
„ Gewerbesteuer . . . . . „ „	1,9 „	3,7 „	4,7 „	2,3 „	3,8 „	7,0 „
„ Kapitalsteuer . . . . . „ „	3,7 „	18,7 „	65,0 „	5,6 „	6,2 „	27,9 „
„ Einkommensteuer . . . „ „	2,1 „	4,2 „	6,5 „	9,0 „	23,7 „	40,2 „

www.ingramcontent.com/pod-product-compliance
Lightning Source LLC
LaVergne TN
LVHW091731021026
849161LV00003BB/569
* 9 7 8 3 4 8 6 7 3 1 7 1 2 *